Geld verdienen mit Amazon

Wie Sie sich ohne Vorkenntnisse selbstständig machen und einen eigenen Onlineshop eröffnen

von James Bennett

Inhaltsverzeichnis

Vorwort

Träumen auch Sie davon, Ihren eigenen kleinen aber feinen Onlineshop aufzumachen und von zu Hause aus ohne viel Risiko und Kapitalbindung Geld zu verdienen und Ihr eigener Chef zu werden? Erst nebenbei und dann vielleicht sogar in Vollzeit?

Das ist heutzutage dank Amazon für jeden möglich. In diesem Ratgeber erfahren Sie alles, wie Sie, selbst ohne jegliche Vorkenntnisse, einen Amazon-Onlineshop eröffnen und erfolgreich Produkte finden und diese verkaufen. Das beste daran, Sie benötigen nicht viel Kapital und kaufen besonders gut laufende Produkte nach und nach in kleineren Mengen nach.

Also lassen Sie uns beginnen, dieses sehr innovative Systeme unter die Lupe zu nehmen, so dass auch Sie bald loslegen und davon profitieren können.

Amazon – Der Marktplatz schlechthin

Für den Einstieg eignet sich Amazon hervorragend. Amazon ist nunmal der Platzhirsch im Onlinehandel. Hier werden tagtäglich Millionen von Artikeln verkauft und der Trend ist definitiv aufwärts gerichtet. Amazon genießt ein unfassbar hohes Vertrauen bei seinen Kunden. Dieses Vertrauen kann man als kleiner oder größerer Händler niemals aufbauen, es sei denn, man nimmt wirklich viel Geld in die Hand. Doch das brauchen Sie bei Amazon nicht. Auch für das Marketing ist gesorgt. Ihre Angebote werden in allen Suchmaschinen ziemlich weit oben gelistet und Sie brauchen sich nicht einmal um die Werbung zu kümmern. Millionen Kunden finden Ihre Produkte auf Anhieb. Und wenn Sie dann noch die richtigen Produkte zu einem wettbewerbsfähigen Preis anbieten: Voilà.

Risikobegrenzung und kaum laufende Kosten

Wie in anderen Branchen auch, ist es wichtig die laufenden Kosten so niedrig wie möglich zu halten. Mit dem hier vorgestellten Modell ist das sehr leicht möglich. An Fixkosten wären da nur die Amazon-Shop-Gebühren in Höhe von monatlich EUR 39,- sowie optional Steuerberatungskosten. Wenn Sie jedoch einigermaßen fit in Buchhaltung sind und sich das selber zutrauen, können Sie die Steuererklärung auch allein oder unter Zuhilfenahme einer geeigneten Steuererklärungssoftware erledigen.

Die richtige Strategie

Bevor Sie loslegen sollten Sie sich überlegen, welche Produkte bzw. Produktgruppen sie verkaufen möchten. Das können Spielzeug, Geschenkartikel oder aber auch Haushaltsartikel sein. Alles, außer Bücher,denn die sind preisgebunden und die Margen, die man im Buchhandel erhält, sind recht mager und passen nicht zu der hier vorgestellten Strategie. Selbstverständlich können Sie die Produktgruppe jederzeit ändern oder immer wieder neue Produkte ins Portfolio nehmen. Doch dazu gleich mehr.

Mit der richtigen Strategie und etwas Geduld ist es möglich die richtigen Produkte ausfindig zu machen und diese erfolgreich und in größeren Mengen zu verkaufen. In diesem Ratgeber zeige ich Ihnen, wie einfach und leicht umsetzbar das ganze ist. Es gibt nämlich eine Möglichkeit, das Risiko soweit zu begrenzen, dass man das Geschäft nach und nach aufbauen kann.

Als erstes sollten Sie sich, falls noch nicht geschehen, bei Amazon als Verkäufer registrieren und ein Shop-Abonnement buchen. Dies kostet Sie wie gesagt lediglich EUR 39,- im Monat und macht in jedem Fall Sinn. Dieses Abonnement ist absolut unverbindlich und jederzeit kündbar. Zur Zeit ist der erste Monat sogar gratis, also sollten Sie sich beeilen.

Die richtigen Produkte finden

Der Amazon-Bestseller-Rang

Amazon macht es uns Händlern wirklich leicht passende Produkte zu finden, die sich gut bis sehr gut verkaufen lassen. Am hilfreichsten hierfür ist der Amazon Bestseller-Rang. Diesen findet man auf jeder Produktdetailseite unter dem Punkt "Produktinformation", welcher sich ungefähr in der Mitte links befindet. Hier wird zum einen der Verkaufsrang in der gesamten übergeordneten Kategorie angezeigt als auch jener in der jeweiligen Unterkategorie. Der Verkaufsrang gibt Aufschluss darüber, wie gefragt ein Artikel derzeit ist. Je öfter ein Artikel sich verkauft, desto höher ist sein Verkaufsrang (desto kleiner die Zahl). Zwar ist dies nur eine Momentaufnahme und der Verkaufsrang ändert sich ständig (allerdings langsam). Doch als erster Anhaltspunkt ist dieser Indikator Gold wert. Daher sollten Sie ihn immer im Auge behalten.

Sie sollten am besten nach Artikeln Ausschau halten, die einen Rang in der jeweiligen Unterkategorie von maximal 2.000 haben. Je besser der Rang, desto gefragter ist der Artikel. Noch besser ist es natürlich, wenn der Gesamtrang unter 2.000 oder gar 1.000 liegt. Optimal sind selbstverständlich Ränge von einigen Hundert. Auch diese gibt es sehr sehr oft.

Eine Möglichkeit dies zu tun ist über die Amazon-Suchmaske selbst. Dafür gehen Sie oben links auf den Punkt "Alle Kategorien" und suchen sich Ihre gewünschte Unterkategorie aus, beispielsweise "Spielzeug & Baby" und dann "Spielzeug". Dort geben Sie dann "[]" (eine geöffnete eckige Klammer und eine geschlossene eckige Klammer) ein. Es werden dann alle Bestseller in dieser Kategorie angezeigt. Suchen Sie dann Artikel aus, die möglichst nur einmal vorhanden sind (die nur eine Produktdetailseite haben) und bei denen es nicht allzu viel Konkurrenz gibt. Wenn beispielsweise 100 Händler oder mehr das gleiche Produkt anbieten, wird es schwierig sein sich dort zu behaupten, es sei denn über den Preis.

Den richtigen Artikel finden

Halten Sie nun Ausschau nach Artikeln, die für mindestens EUR 12,- verkauft werden. Je teurer der Artikel ist, umso besser. Am besten eignen sich Artikel in der Preisspanne zwischen EUR 50,- und EUR 80,-. Artikel, die günstiger sind, machen einfach zu viel Aufwand und die mögliche Rücksendequote oder Quote der verloren gegangen Sendungen ist prozentual gesehen ebenso hoch wie bei teureren Artikeln. Daher macht es mehr Sinn teurere Produkte zu verkaufen. Außerdem lohnt es sich bei teureren Produkten eher, diese als versichertes Paket zu verschicken und Sie haben jederzeit Kontrolle über den Sendungsstatus.

Um herauszufinden ob es sich lohnt in diesen Artikel einzusteigen suchen Sie sich den günstigsten Anbieter und schauen Sie, zu welchem Preis er diesen verkauft.

Die 1-zu-3 Regel

Wenn ein Artikel EUR 5,-netto im Einkauf kostet, sollte er sich für mindestens das dreifache, also EUR 15,- brutto verkaufen lassen. Dies ist eine Faustregel mit der man auf den ersten Blick und ohne viel nachzurechnen sehen kann, ob der jeweilige Artikel profitabel ist oder nicht. Ein Drittel geht ungefähr für den Einkauf drauf, ein Drittel für Amazon-Gebühren und ein Drittel bleibt dann als Gewinn. Das macht eine Marge von 100 Prozent, und die sollten möglichst das Ziel sein. Bei höheren Preisen kann man sich auch mit niedrigeren Margen zufrieden geben. Nur, für den ersten Überblick, reicht die 1-zu-3-Regel aus.

Rechenbeispiel

Anhand eines Beispiels möchte ich Ihnen demonstrieren wieviel Gewinn Ihnen bleibt, wenn Sie einen Artikel für EUR 5,- netto kaufen und für EUR 15,- brutto verkaufen.

Der Einkaufspreis brutto (inkl. 19% MWSt.) beträgt in diesem Fall EUR 5,95. Wenn es sich um einen Medienartikel, wie z. B. ein Buch, eine CD oder DVD handelt, erhebt Amazon noch eine zusätzliche Gebühr in Höhe von EUR 1,01. Dies ist die sogenannte feste Verkaufsgebühr. Die feste Verkaufsgebühr würde sich um weitere EUR 0,99 erhöhen, wenn Sie das Shop-Abonnement nicht hätten. Bei allen anderen Artikeln, wie z. B. Spielzeug und Geschenkartikeln, entfällt diese Gebühr gänzlich.

Für die meisten Artikel berechnet Amazon eine variable Gebühr in Höhe von 15% des Verkaufspreises, also ohne die Versandkosten, die sind außen vor. Von diesen wird quasi die feste Verkaufsgebühr in Höhe von EUR 1,01 abgezogen.

Gehen wir nun von Kosten für Verpackungsmaterial, also Luftpolsterumschlag oder Karton, Klebeband und Druckkosten für den Lieferschein/die Rechnung, in Höhe von durchschnittlich EUR 0,20 aus. Wenn Sie Luftpolsterumschläge und Kartons in größeren Mengen, also ab 100 Stück, kaufen, kommen Sie locker auf diesen Durchschnittspreis. Dieser Wert ist aus meiner langjährigen Praxis im Onlinehandel entstanden.

Für die Versandkosten nehmen wir ebenfalls einen Durchschnittswert von EUR 2,93. Dieser Wert setzt sich zusammen aus den Kosten für eine „Warensendung groß" der Deutschen Post AG, einem Maxibrief der DPAG sowie einem versicherten S-Paket z. B. über DPD für EUR 4,50.

Nun die Aufstellung im Überblick (alle Werte in EUR):

Einnahmen:

Verkaufspreis:	15,00
Versandkosten:	3,00
Einnahmen gesamt:	18,00

Ausgaben:

Wareneinkauf:	5,95
Feste Verkaufsgebühr:	1,01
Variable Verkaufsgebühr:	2,25
Verpackungsmaterial:	0,20
Porto:	2,93
Ausgaben gesamt:	12,34

Bei diesem Beispiel haben Sie eine Gewinnmarge von 53,2% (Aufschlag auf den Einkaufspreis). Das ist schon nicht schlecht. Wenn es sich nicht um einen Medienartikel handelt beträgt der Gewinn sogar 73,4%.

Je höher der Einkauf- und somit auch der Verkaufspreis ist, umso höher fällt ihr Gewinn dann auch prozentual aus.

Wenn Ihnen der Verkaufsrang des ersten Artikels zu niedrig ist (nominal natürlich zu hoch) suchen Sie sich einen anderen Artikel und wieder einen anderen, so lange, bis Sie fündig werden. Ein bisschen Recherche ist hier leider notwendig, doch das lohnt sich in jedem Fall und zahlt sich später für Sie aus. Dies ist eines der Kriterien, dass die erfolgreichen von den nicht erfolgreichen Händlern unterscheidet.

Auf diese Art können Sie bequem nach Artikeln suchen, die sich rentieren. Wenn der erste Artikel nicht rentabel ist, gehen Sie mit dem "Zurück-Button" einfach zurück und sehen sich den nächsten Artikel an usw.

Sobald der Verkaufsrang stimmt, können Sie nachsehen, was Sie im Einkauf für den jeweiligen Artikel bezahlen. So finden Sie nach und nach Artikel, in die Sie einsteigen können.

Gezielt nach bestimmten Produkten suchen

Eine andere Möglichkeit, passende Produkte zu finden, die sich lohnen, ist die Folgende. Viele Großhändler verschicken regelmäßig Newsletter, Kataloge oder Flyer mit Sonderangeboten und Schnäppchen. Hier hat man sehr oft die Gelegenheit echte Perlen zu finden. Sie werden die Erfahrung machen, das es wohl einen Grund hat, wieso die Großhändler diese Artikel so günstig verscherbeln, da es für die meisten Produkte kaum eine Nachfrage gibt. Aber es sind auch sehr oft Artikel dabei, die einen echt guten Amazon-Bestseller-Rang haben. Hier lohnt sich der Aufwand meistens. Zwar müssen Sie Titel für Titel durchforsten, aber wenn Sie einen oder mehrere lohnenswerte Produkte gefunden haben, hat sich der Aufwand in jedem Fall gelohnt. Das ist weitaus besser, als auf Verdacht Produkte zu kaufen und abzuwarten, ob sich diese dann Verkaufen. Immerhin zahlen Sie hier nur einen Bruchteil von dem, was Sie sonst bezahlen würden und somit ist die Marge auch ungleich höher.

Dazu müssen Sie entweder den Titel des Produktes oder, noch besser, die EAN in das Amazon-Suchfeld eingeben. Sie können dann auf den ersten Blick sehen, wie die Wettberbssituation aussieht und welchen Rang das jeweilige Produkt hat. Es gibt durchaus Artikel, bei denen gar kein Rang angezeigt wird. Dies bedeutet, dass der Artikel sich entweder gar nicht oder aber nur so selten verkauft, dass er in keiner Rangliste auftaucht. Diese Artikel sollten Sie möglichst meiden.

Ein Verkaufsrang von 1.000.000 z. B. bedeutet nicht, dass sich der Artikel gar nicht verkauft. Er bedeutet dass sich dieser Artikel ungefähr alle drei Monate einmal verkauft. Bei Artikeln, die es nicht mehr gibt oder, die man schwer nachbestellen kann, kann man auch hier mal zuschlagen und sich ein paar wenige auf Lager legen. Das wäre dann eine gemischte Strategie mit kurzfristig verkaufbaren und mittelfristig angelegten Artikeln. Ein Kombination ist hier auch denkbar.

Stellen Sie sich Ihr Portfolio wie eine Fußballmannschaft vor. Die „schnell drehenden" Artikel sind sozusagen die Stürmer. Die Artikel, welche sich mittelfristig verkaufen stellen das Mittelfeld dar. Artikel, die sich einmal alle paar

Monate verkaufen sind die Verteidigung und Artikel, die gar nicht gehen sind der Torwart, also der Schutz vor allzuviel Verlust.

>>Tipp:

Haben Sie keine Scheu davor einen Artikel auch mal mit Verlust zu verkaufen. Es ist besser kleinere Verluste einzufahren und von dem Geld dann wieder neue Artikel zu kaufen als zu lange an Ladenhütern festzuhalten. Verluste gehören nun einmal zum Geschäft. Das ist im stationären Handel so aber auch im eCommerce.

Wenn Sie so systematisch vorgehen, werden Sie immer wieder Artikel finden, die sich wirklich lohnen. Das Risiko wird minimiert und Sie können dann in diesem Fall ruhig eine größere Menge von dem jeweiligen Artikel kaufen. Nicht zu viel, denn Sie wissen ja, ich bin ein Gegner zu großer Kapitalbindung. Aber wenn es z. B. ein Ausverkauf ist, würde ich ruhig mehr bzw. alles aufkaufen.

Zusammenfassung:

- Passende Artikel lassen sich über den Verkaufsrang ausfindig machen
- Der erzielbare Verkaufspreis sollte ca. das dreifache des Einkaufspreises betragen
- Bei Sonderangeboten mit gutem Verkaufsrang ruhig zuschlagen

Schlusswort

Im Onlinehandel ist die richtige Produktauswahl und ein wettbewerbsfähiger Preis von ungeheurer, wenn nicht sogar von elementarer, Bedeutung.

Mit den oben beschriebenen Strategien wird das Risiko minimiert und Sie haben dann mit der Zeit immer mehr gut bis sehr gut laufende Artikel im Portfolio. Das ist weitaus besser als die Strategie zu fahren, die die meisten machen: Alle Artikel eines Dropshippers anbieten. Auch hier gilt: Qualität geht vor Quantität.

www.ingramcontent.com/pod-product-compliance
Lightning Source LLC
Chambersburg PA
CBHW070229210526
45169CB00023B/1511